¿QUIÉN SOY Y POR QUÉ IMPORTO?

«Chris Morphew es como Tim Keller para los adolescentes. En este breve libro, aborda algunas de las preguntas difíciles de hoy con las Escrituras, la sabiduría y claridad, y con la cantidad justa de diversión, a fin de mantener a los jóvenes lectores deseosos de seguir leyendo. No puedo esperar para poner este libro en manos de mis tres hijos».

CHAMP THORNTON, pastor; autor, *The Radical Book for Kids* y *Why Do We Say Good Night?*

«Crecer y llegar a la adultez temprana puede ser una experiencia desconcertante cuando intentamos averiguar quiénes somos y cuál es nuestro lugar en el mundo. En *¿Quién soy y por qué importo?*, Chris Morphew responde a esas preguntas de una manera refrescante y adecuada a la edad, que de seguro llegará al corazón de cada lector joven. Con capítulos cortos y contundentes, este libro es fácil de leer y está impregnado del evangelio. Se lo daré a cada uno de mis hijos y se lo recomiendo encarecidamente a los tuyos».

ADAM RAMSEY, pastor principal de Liberti Church, Gold Coast, Australia; director de la red para Acts 29 Asia Pacífico; autor de *Truth on Fire: Gazing at God until Your Heart Sings*; padre de Alaiya, Benaiah, Ezra, Tayo y Elyana

«Nuestras preguntas más importantes preparan nuestros corazones para escuchar las respuestas más grandiosas de Dios. Elije los libros *Grandes preguntas* de Chris Morphew y encuentra respuestas clave del evangelio a las preguntas sinceras de tus hijos sobre Dios y su plan de enviar a Jesús».

BÁRBARA REAOCH, ex directora de la división infantil de Bible Study Fellowship; autora, *La Navidad de Jesús* y *A Jesus Easter*

«Transmitir la fe a la siguiente generación puede parecer una tarea de enormes proporciones. Si a eso le sumamos el hecho de que los cristianos también debemos formar a la siguiente generación a fin de que se comprometa con los escépticos en nuestra fe, puede parecer imposible. Por eso estoy agradecido por el libro de Chris, *¿Quién soy yo y por qué importo?* Toma una de las verdades fundamentales de las Escrituras y la explica de una manera que los estudiantes de secundaria (y sus padres) puedan entenderla. No puedo esperar a ponerlo esto en manos de mis hijos, y también animarlos a que lo pongan en manos de sus amigos incrédulos».

JOHN PERRIT, director de recursos, Reformed Youth Ministries; autor, *Insecure: Fighting Our Lesser Fears with a Greater One*; presentador, Local Youth Worker Podcast; padre de cinco hijos

«En *¿Quién soy y por qué importo?*, Chris Morphew responde a dos de las preguntas más importantes que se hacen los adolescentes hoy en día. Aunque escribe de manera accesible para los preadolescentes, el contenido es teológicamente rico y aplicable a estudiantes de todas las edades. Los capítulos son dinámicos, claros y fáciles de leer. ¡Estoy agradecido por este libro!».

DREW HILL, autor de *Alongside: Loving Teenagers with the Gospel*

«Chris pasa sus días rodeado de jóvenes, y se nota: sus escritos son amenos, bíblicos y llenos de historias. A nuestros jóvenes se les dice que pueden ser quienes quieran ser. Este libro les dice para qué los crearon. ¡Es una respuesta mejor!».

ED DREW, director, Faith in Kids

¿QUIÉN SOY Y POR QUÉ IMPORTO?

CHRIS MORPHEW

Publicado por
Unilit
Medley, FL 33166

Primera edición 2025

© 2022, 2023 por *Chris Morphew*
Título del original en inglés:
Who Am I and Why Do I Matter?
Publicado por *The Good Book Company*

Traducción: *Nancy Pineda*
Ilustraciones inspirador por: *Emma Randall*

Reservados todos los derechos. Ninguna porción ni parte de esta obra se puede reproducir, ni guardar en un sistema de almacenamiento de información, ni transmitir en ninguna forma por ningún medio (electrónico, mecánico, de fotocopias, grabación, etc.) sin el permiso previo de los editores.

A menos que se indique lo contrario, el texto bíblico se tomó de la Santa Biblia, Nueva Versión Internacional ® NVI®
Propiedad literaria © 1999 por Bíblica, Inc.™
Usado con permiso. Reservados todos los derechos mundialmente.
El texto bíblico indicado con «NTV» ha sido tomado de la *Santa Biblia*, Nueva Traducción Viviente, © Tyndale House Foundation 2008, 2009, 2010. Usado con permiso de Tyndale House Publishers, Inc., 351 Executive Dr., Carol Stream, IL 60188, Estados Unidos de América. Todos los derechos reservados.

Producto: 491483

ISBN: 0-7899-2820-5/978-0-7899-2820-7

Categoría: *Vida cristiana / Jóvenes*
Category: *Christian Living / Youth*

Impreso en Colombia
Printed in Colombia

Para Liam y Alec:
que nunca olviden
quién dice Jesús que son.

Contenido

1. En busca de tu verdadero yo 11

2. ¿Cómo sé que importo? 17

3. ¿Por qué no puedo ser fiel a mí mismo? 27

4. ¿Por qué no puedo escuchar a mis amigos? 37

5. ¿Cómo puedo encontrar la verdadera libertad? 45

6. ¿Quién dice Dios que soy? 53

7. ¿Qué pasa con todas las formas en que me
   equivoco? 61

8. ¿Qué diferencia marca Dios? 71

9. Sigue el camino de Jesús 79

10. Descansa en el amor de Jesús 89

Referencias 99

Agradecimientos 101

Guía de estudio 103

Capítulo 1

EN BUSCA DE TU VERDADERO YO

Hace poco, una de mis alumnas de la escuela vino a verme con un problema.

Esta chica se había mudado aquí desde otra escuela a principios de curso, pero por lo que pude ver, se había adaptado muy rápido.

Tenía un montón de pasatiempos que le gustaban mucho y ya estaba aprovechando al máximo los programas de deportes, música y teatro de nuestro escuela.

Había encontrado un fantástico grupo de amigos con los que salir. Tenía unos padres maravillosos que la apoyaban y la querían.

Era divertida, entusiasta y extravertida. Por fuera, parecía que todo le iba de maravilla.

Por dentro, era otra historia.

Cuando le pregunté qué le pasaba, tardó un minuto en encontrar las palabras.

—No lo sé —dijo—. A veces siento que ni siquiera sé quién soy. Cuando estoy con un grupo de amigos, actúo de una manera, pero cuando estoy con otro grupo de amigos, soy una persona diferente por completo. Entonces, ¿cómo sé qué versión de mí es la verdadera?

—Bueno —dije despacio, ¿quiénes son los amigos con los que te sientes más cómoda? ¿Dónde sientes que no tienes que actuar de una determinada manera, que puedes relajarte y ser tú misma?

Enumeró los nombres de un puñado de amigos y luego dijo:

—Sí, sé que puedo ser yo misma delante de ellos, pero...

Se quedó pensativa y miró por la ventana.

—En cambio, ¿y si todo es actuación? —preguntó después de un largo momento—. ¿Cómo puedo saber quién soy en realidad?».

Tarde o temprano, creo que todos nos enfrentamos a preguntas como esta, pues es lamentable que descubrir quién eres de veras resulta ser mucho más complicado de lo que parece.

¿Alguna vez te has fijado en esas personas que conoces que parecen tener tanta confianza en sí mismas, ser tan populares y despreocupadas, esas personas que parecen tenerlo todo resuelto, y te preguntas cómo lo hacen? ¿Cómo saben qué decir y cómo actuar en cada situación?

O puede que tú *seas* una de esas personas que parecen tenerlo todo resuelto y, por lo tanto, sabes la verdad: que no es tan fácil como se cree. Puede que por fuera parezcas seguro de ti mismo, pero por dentro te sientes ansioso y agotado, pues resulta que aparentar que no te esfuerzas requiere mucho esfuerzo. Tienes la sensación de que si la gente supiera la verdad sobre tu vida, tal vez no estaría tan celosa después de todo.

¿O alguna vez te sientes agobiado por las expectativas que los demás tienen de tu vida? ¿Sientes que nunca puedes bajar el ritmo, que trabajas y trabajas sin parar a fin de estar a la altura de los estándares que otras personas han establecido para ti? ¿Luchas con la molesta sensación de que, incluso si *sigues* trabajando, no será suficiente, que por mucho que te esfuerces, es posible que *nunca* estés a la altura?

¿O es más bien lo contrario? ¿Tienes la sensación de que nadie espera que estés a la altura de *nada*, como si todos pensaran que eres un poco molesto e inútil? ¿Te preguntas si de veras importa que estés aquí o no?

O quizá no sean las expectativas de *otras* personas lo que te estresa. Quizá sean tus *propios* estándares imposibles. Tienes una versión ideal de ti mismo en la cabeza, una versión de ti que es más inteligente, más segura, más exitosa, más atractiva o todo lo anterior, pero por mucho que te esfuerces en convertirte en esa persona, parece que nunca lo consigues.

Tal vez te gustaría encontrar una manera de dejar de preocuparte por lo que piensan los demás y ser tú mismo.

O tal vez sea peor que eso. Tal vez te preocupa que *ser tú mismo* sea con exactitud el problema, que si la gente viera tu *verdadero* yo, saldrían corriendo.

Y mira, sé que todo esto puede parecer una forma bastante deprimente de empezar un libro, pero lo cierto es que estas cosas son difíciles, ¿verdad?

Venimos al mundo como bebés indefensos y, desde el primer día, el mundo está lleno de voces que nos dicen quiénes somos y quiénes deberíamos ser.

¿Quién soy y por qué importo?

Primero están nuestros padres, abuelos y otros familiares cercanos. Luego, a medida que crecemos, están nuestros maestros, nuestros amigos, nuestros amigos que no lo son en definitiva, nuestros entrenadores, nuestra familia extendida, y así sucesivamente. Y eso sin siquiera mencionar la interminable cantidad de voces que nos llegan a través de las redes sociales.

Es muy útil prestarles atención a algunas de esas voces. A otras, no tanto. Sin embargo, ya sea que nos demos cuenta o no, todas tienen algún tipo de impacto en cómo nos vemos a nosotros mismos.

Así que, en medio de todo ese ruido, ¿cómo averiguas quién eres en realidad? ¿Cómo te abres paso entre todas esas voces y opiniones, y descubres la verdad sobre quién eres?

¿Qué se supone que debes decirte cuando empiezas a sentir que no importas, que no estás a la altura de los demás o que las voces negativas que hablan de tu vida tienen *razón*? ¿Qué haces cuando miras el mundo que te rodea y te preguntas dónde encajas, o si siquiera encajas en algún sitio?

Bien, la buena noticia es que *sí* importas. *Encajas*. Y la verdad sobre tu yo más real y verdadero, la persona que Dios dice que eres, es mejor de lo que puedas imaginar.

Capítulo 2

¿CÓMO SÉ QUE IMPORTO?

El título de este libro es una pregunta, pero son dos preguntas en realidad.

Empecemos por la segunda: *¿por qué importo?*

Me pregunto cómo te afecta esa pregunta.

Tal vez tengas la certeza, en el fondo, de que *importas*. Puede que te resulte difícil explicar *por qué* exactamente, pero estás seguro de que es verdad. Eres valioso. Eres importante. Importas. Quiero decir, eso es *obvio*, ¿verdad?

O quizá no lo sea. Tal vez no estés convencido de que importas en absoluto. Tal vez haya personas en tu vida que te hacen sentir como un desperdicio de espacio. O puede que ese mensaje venga de tu interior, algo que parece que no puedes dejar de decirte.

Sin embargo, tanto si *creemos* que importamos como si no, todos queremos que sea verdad, ¿no?

Puede que no quieras ser famoso en todo el mundo, pasar a la historia o lo que sea, pero todos queremos sentir que somos importantes, que el hecho de estar aquí marca la diferencia. Queremos creer que importamos, y queremos que los demás crean que también importamos.

Y podemos buscar esta importancia en todo tipo de lugares.

Una opción popular es buscarle significado a lo que uno tiene.

«¡Claro que importo! ¿No ves lo rico y exitoso que soy?».

Puedes centrar tu vida en ganar dinero, y luego utilizar ese dinero para pagarte una casa grande, un auto nuevo, un teléfono nuevo, ropa cara, otro auto nuevo, viajes al extranjero, comida increíble, el siguiente teléfono nuevo...

Dicen que «el dinero no puede comprar la felicidad». Aun así, el dinero puede comprarte cada vez más cosas geniales y experiencias divertidas, ¿y qué si eso es, en esencia, lo mismo?

¿Quién soy y por qué importo?

Además, el dinero *impresiona*, ¿verdad? Si tienes el teléfono más nuevo, la ropa más moderna, la casa más grande y las mejores cosas, si puedes organizar las mejores fiestas y llevar a todos tus amigos a los lugares más increíbles, la gente *siempre* va a querer estar cerca de ti. Va a querer *ser* como tú.

Y si todo el mundo desea tener tu vida, te sentirás como alguien importante.

Y aunque la mayoría de nosotros nunca lleguemos a ser famosos multimillonarios, puede resultar muy fácil pensar que si tuviéramos un *poco* más de dinero, podríamos comprar lo que necesitamos para ser felices e impresionar a la gente que nos rodea.

Por supuesto, si actualmente vives en la pobreza (si no tienes suficientes alimentos saludables para comer, ropa limpia para vestir o un hogar seguro en el que vivir), entonces, claro, más dinero te ayudará sin duda.

Sin embargo, para el resto de nosotros, creo que lo que necesitamos de veras es un cambio de perspectiva.

Una de las personas más ricas que jamás haya vivido fue un hombre llamado John D. Rockefeller. Este hombre tenía mucho más dinero del que jamás podría necesitar. Si *alguien* podía gastar lo suficiente para tener una vida feliz y significativa, ese era él. En cambio, al parecer, una vez un periodista le preguntó: «¿Cuánto dinero es suficiente?». ¿Y sabes cuál fue su respuesta?

«Solo un poquito más».

Era una de las personas más ricas de la historia y *seguía* pensando que no tenía suficiente. Resulta que, sin importar cuánto tengas, si buscas que el dinero te haga sentir que importas, siempre querrás un poquito más.

Porque, claro, ese teléfono nuevo es bastante impresionante hoy. Pero muy pronto, tu nuevo teléfono se convertirá en tu viejo teléfono y, entonces, necesitarás un teléfono nuevo. Puede que esa ropa llame la atención de la gente hoy, pero dale unas semanas. Tu ropa nueva se convertirá en tu ropa vieja y, entonces, querrás ropa nueva.

Lo cual creo que es parte de la razón por la que Jesús describe al dinero como un amo que, si no tenemos cuidado, puede convertirnos en sus esclavos (Mateo 6:24). Si cuentas con el dinero para sentir que importas, esa sensación siempre estará un poquito fuera de tu alcance.

Siempre querrás un poquito más.

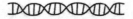

¿Quién soy y por qué importo?

Otra opción popular es buscar significado en tu *apariencia*.

«¡Por supuesto que importo! ¿No ves lo impresionante y popular que soy?».

Puedes enfocar tu vida en ser atractivo, delgado, atlético o estar a la moda, y luego contar con que eso te atraerá la atención, los «me gusta» y las energías positivas cuando te mires al espejo.

Y si estás pensando: *Vaya, eso es muy superficial, yo no me obsesionaría con eso...* no tan rápido.

Porque, claro, puede que tu objetivo en la vida no sea convertirte en una persona influyente en las redes sociales, pero todos queremos sentirnos cómodos y seguros en nuestra propia piel, ¿verdad? Y cuando *no* nos sentimos así, puede ser un verdadero desastre.

Nuestra imagen corporal es muy importante.

Así que, *exactamente* por eso, es muy tóxico y peligroso encontrar tu estima y valor en la apariencia física.

Para empezar, ¿cómo averiguas lo bien que crees que te ves? Comparándote con otras personas, ¿verdad?

Y si a eso le sumas las redes sociales, no solo tienes a las personas de la vida *real* con las que compararte, sino que también cuentas con todo el internet: incontables millones de personas con las que compararte. Y cuando comparas esas fotos perfectamente posadas, editadas y filtradas con lo que ves en el espejo a primera hora de la mañana, ¿es de veras tan sorprendente que acabes sintiéndote feo e inseguro?

Y aunque pudieras cambiar todo eso, aunque pudieras *convertirte* en la versión imposiblemente perfecta de ti mismo que imaginas en tu mente, eso no aliviaría la presión. El único cambio sería que, en lugar de sentir la presión de *llegar a ser* atractivo, comenzarías a sentir la presión de *seguir* siéndolo.

Lo cual, a fin de cuentas, es una batalla que no puedes ganar, pues a la larga envejecerás, te llenarás de arrugas y, de todas maneras, lo perderás todo.

Si esperas que tu aspecto te haga sentir que importas, tarde o temprano te decepcionará.

Sin embargo, vale, quizá no necesites que te diga que no construyas toda tu vida en torno a tu dinero o tu apariencia. Quizá tengas algún otro logro más significativo al que quieras dedicarle tu vida.

Tal vez quieras representar a tu país en las Olimpiadas, abrir un restaurante, sacar un disco, curar una enfermedad, escribir una novela o fundar una organización benéfica.

¡Genial! Todos esos son objetivos fantásticos que valen la pena.

En cambio, si esperas que alguna de esas cosas llene tu vida de significado, propósito y felicidad, si te dices: «Si puedo lograr *eso*, sabré que importo», prepárate para decepcionarte.

¿Por qué? Bueno, no importa cuál sea tu sueño, meta o logro, lo cierto es que solo hay dos formas de conseguirlo, ¿verdad?

O alcanzas la meta o no la alcanzas.

Así que digamos que fracasas. Digamos que *no* consigues lo que te proponías.

¿Entonces qué?

Bueno, si ese objetivo era solo un objetivo, superarás tu decepción y seguirás adelante.

En cambio, si ese logro era lo que esperabas para sentirte importante, valioso y que vales la pena, el fracaso no solo será decepcionante, sino que te destruirá.

Si cuentas con cualquier logro para demostrar que importas, si lo haces tan significativo para ti y no lo consigues, te sentirás desdichado.

No obstante, en ese caso, la solución parece sencilla, ¿verdad?

Solo que no fracases.

Así que digamos que *logras* eso por lo que has trabajado tanto. Digamos que ganas la carrera, quedas en primer lugar en la clase y consigues el premio.

¡Felicitaciones! ¡Enhorabuena!

Ahora eres feliz para siempre, ¿verdad?

Pues no. Serás feliz durante un tiempo, y eso es estupendo.

Sin embargo, ningún logro dura para siempre. De seguro que está la próxima carrera, la próxima clase, el próximo premio, la próxima persona que viene detrás de ti para batir tu récord.

Es como lo del dinero otra vez. El nuevo logro se convierte enseguida en el antiguo logro y ahora necesitas un *nuevo* logro.

Lo que significa que si cuentas con tus éxitos o logros para demostrarle al mundo que importas, nunca podrás descansar.

Tendrás que seguir trabajando, estresándote y esforzándote por demostrar lo que vales, hasta que *no* ganes al final, y entonces te sentirás desdichado.

¿Quién soy y por qué importo?

La verdad es que, ganes o pierdas, construir tu identidad sobre tus logros es más que otro callejón sin salida.

Entonces, llegados a este punto, quizá pienses que estoy complicando demasiado las cosas.

Hace poco estuve hablando de todo esto con una amiga y me señaló lo que parece ser una solución bastante sencilla:

—¿No podemos encontrar un equilibrio saludable entre todas estas cosas?

Por supuesto, obsesionarse con el dinero, la apariencia o los logros te va a arruinar todo, así que no te obsesiones. Solo disfruta de todas estas cosas por lo que son, haz todo lo posible por vivir una buena vida y encuentra así tu sentido, tu felicidad y tu significado.

—Está bien. Eso parece bastante bueno —le dije a mi amiga—, ¿pero cómo lo hacemos en realidad? ¿Cómo evitamos obsesionarnos y encontramos ese equilibrio saludable? ¿Cómo sabemos siquiera qué es una buena vida?

—Sí —respondió encogiéndose de hombros—. Ese es el verdadero truco, ¿no?

¿Y cómo lo hacemos? Las personas buscan su significado en todo tipo de lugares, pero como hemos visto, muchos de esos caminos son callejones sin salida. Entonces, ¿adónde podemos acudir para averiguarlo?

Bueno, a mí me parece que antes de que averigües por qué importas (o incluso *si* importas), tienes que averiguar quién *eres*.

Capítulo 3

¿POR QUÉ NO PUEDO SER FIEL A MÍ MISMO?

Si le pides a alguien que te aconseje cómo descubrir quién eres en realidad, y cómo vivir tu vida mejor y con más sentido, supongo que escucharás muchas cosas como estas:

Sé fiel a ti mismo.

Sigue a tu corazón.

Haz más de lo que te hace feliz.

En otras palabras, la forma de encontrar tu verdadero yo es mirar en tu interior. Tienes que averiguar de manera más profunda lo que sientes y deseas, y luego perseguirlo con todo lo que tienes.

Lo cual parece bastante razonable a primera vista, ¿verdad?

No obstante, si profundizas un poco más, resulta que no es tan sencillo como parece.

Imagina que uno de tus amigos mira en lo profundo de su interior y descubre que lo que le produce más alegría que cualquier otra cosa en el mundo es prenderles fuego a las cosas. Le encanta el parpadeo de las llamas, el brillante resplandor anaranjado de la madera quemándose, la forma en que el humo se eleva y se arremolina hacia el cielo, ¡sin mencionar la increíble sensación de poder que siente al quemar cosas!

Prenderles fuego a las cosas lo hace feliz.

Y digamos que la próxima vez que este amigo va a tu casa, decide encender un fósforo y quemar tu casa hasta los cimientos.

—¿Qué estás *haciendo*? —gritas, cruzas la habitación y le agarras el brazo un segundo antes de que el fósforo les prenda fuego a las cortinas.

Se te queda mirando con una expresión de desconcierto en su rostro y dice:

—¿Qué? Solo estaba siendo sincero conmigo mismo.

Supongo que no te limitarás a encogerte de hombros, soltarle el brazo y decir:

—Ah, claro. Lo siento. Pues adelante.

Porque por mucho que quieras que tu amigo sea feliz, también quieres seguir teniendo una casa en la que vivir.

Y, fíjate, como es obvio, ese es un ejemplo bastante absurdo. (O, al menos, espero que lo sea. Si no es así, tal vez sea hora de reconsiderar algunas de las personas con las que te juntas).

Sin embargo, a lo que voy: el primer y más obvio problema de *ser fiel a ti mismo* es que hay muchas situaciones en las que hacer lo que *te* hace feliz va a hacer *infeliz* a otra persona.

Y este no solo es un problema a nivel de quemar la casa de alguien.

Dale un vistazo a tu propia vida. Piensa en las veces que otras personas te hicieron daño, te traicionaron o te decepcionaron; las veces en las que tus relaciones fueron difíciles de verdad o en las que se desmoronaron por completo. ¿Cuántas de esas situaciones se debieron a que otra persona hizo lo que le hacía feliz sin que pareciera importarle mucho cómo te haría sentir a ti?

Y por otro lado, ¿cuántas veces perseguiste lo que pensabas que te haría feliz y acabaste causándole dolor y frustración a otra persona?

La verdad es que, si basas toda tu vida en la búsqueda de tu propia felicidad personal, acabarás convirtiéndote en una persona bastante horrible.

✦

Aun así, por supuesto, la mayoría de nosotros ya sabemos que esto es un problema. Sabemos que un mundo lleno de gente que se limita a hacer lo que *le* hace feliz en todo momento sería un desastre absoluto.

De modo que, llegados a este punto, la mayoría de la gente sugeriría un pequeño ajuste: «Haz lo que te haga feliz, siempre y cuando no te hagas daño a ti mismo ni a nadie más».

Lo cual parece mucho más razonable, ¿verdad?

No obstante, déjame decirte por qué no estoy convencido todavía.

✦

Cuando mi primo (cuyo nombre permanecerá en el anonimato) tenía unos dos años, estaba *seguro* de que ya había descubierto lo que le haría feliz.

Verás, había estado observando a su madre. Había visto cómo, cada mañana, sacaba la misma caja del armario de la cocina y llenaba un cuenco de estas pequeñas galletas rosas y marrones con forma de pez. Dejaba el cuenco en el mismo rincón del suelo de la cocina y luego se marchaba, dejándolas allí.

Por lo general, el gato de la familia venía corriendo y se comía todas esas deliciosas galletas, pero ese día no.

Ahora le tocaba a mi primo.

Era hora de que siguiera a su corazón, de que fuera fiel a sí mismo, de que hiciera lo que sabía que le haría feliz en realidad.

Y, en efecto, quince minutos después, mi tía volvió a la cocina y encontró a su hijo de dos años sonriéndole, con un plato de comida para gatos vacío sobre su regazo.

Entonces sonreía, pero no por mucho tiempo.

Mi primo estaba muy seguro de que comerse un plato entero de comida para gatos lo haría muy, muy feliz, pero una hora después, el dolor de estómago le dejó muy claro que había cometido un terrible error.

※※※※※※※

Ahora bien, es posible que al leer esta historia digas: «Bueno, es obvio que *él* no sabía lo que le iba a hacer feliz. ¡Tenía dos años! ¿Qué esperabas?».

Y, claro, con suerte todos sabemos más que un niño de dos años.

Incluso cuando yo tenía siete u ocho años, recordaba muchas de las decisiones que tomé cuando tenía dos y pensaba: «Vaya, qué tontería. Me alegro de saber más que eso ahora».

Sin embargo, ¿sabes qué otra cosa es igual de cierta?

Cuando cumplí quince años, pude recordar muchas de las decisiones que tomé cuando tenía ocho años y pensar: «Vaya, eso fue bastante tonto. Me alegro de saber más que eso ahora».

Y ahora que soy adulto, puedo mirar atrás y pensar en un montón de decisiones que tomé cuando tenía quince años: «Vaya, eso fue bastante tonto. Me alegro de saber más que eso ahora».

Y eso me dice algo.

Me dice que, aunque me gusta pensar que ya lo tengo todo resuelto, aunque quiero creer que soy lo bastante sabio para prever lo que me hará feliz, es probable que todavía me equivoque la mitad de las veces.

Apuesto a que cuando tenga cincuenta años, recordaré muchas de las decisiones que tomo hoy y pensaré:

«Vaya, qué tontería. Me alegro de haber aprendido a hacerlo mejor».

Y creo que a ti también te pasa lo mismo.

A decir verdad, el problema de *hacer lo que te hace feliz, siempre y cuando no te haga daño a ti ni a nadie más*, es que no somos tan buenos para prever lo que nos va a perjudicar a nosotros o a otra persona.

Y no tienes que esperar a tener cincuenta años para darte cuenta.

Todos hemos vivido situaciones en las que hemos intentado ayudar a otra persona, pero lo único que hemos conseguido es empeorar las cosas. Y todos hemos vivido situaciones en las que hemos perseguido algo que estábamos seguros de que nos haría felices, pero que no fue así.

El mundo es grande, complejo y confuso, y no tenemos suficiente sabiduría o información para saber con seguridad que nuestras acciones no acabarán haciéndonos daño a nosotros mismos o a los demás.

Y eso es solo cuando intentamos sinceramente de hacer lo adecuado, lo que no siempre es el caso.

Lo que nos lleva al problema aún más profundo de ser fieles a nosotros mismos.

La verdad es que una parte de «mí» no es tan buena ni tan saludable para ser sincero.

Si mi deseo más profundo es trabajar duro y estar al día de todas mis tareas escolares, ser fiel a mí mismo me va a funcionar bastante bien. Sin embargo, ¿qué pasa con todas las veces en las que mi deseo más profundo es tumbarme en el sofá y jugar a los videojuegos?

Si mi deseo más profundo es ser amable y generoso con mis amigos, ser fiel a mí mismo va a funcionar bastante bien con la gente que me rodea. Aun así, ¿qué pasa con todas las veces en las que mi deseo más profundo es ser egoísta o mezquino?

Podemos sentirnos tentados a mirar esas partes negativas de nosotros mismos y decir: «Ese no soy yo *en realidad*», ¿pero quién más podría ser?

Lo que de veras queremos decir es: «Ese no es quien quiero ser», ¡y eso es genial! En cambio, precisamente por eso, ser fieles a nosotros mismos es demasiado simplista.

Si estamos tratando de descubrir quiénes somos en realidad, no podemos limitarnos a perseguir nuestros sentimientos y deseos más profundos, pues nuestros sentimientos y deseos cambian todo el tiempo, se contradicen entre sí y no siempre nos llevan a lugares saludables.

No podemos ser fieles a nosotros mismos. Tenemos que elegir a qué partes de nosotros mismos queremos ser fieles.

No podemos limitarnos a seguir a nuestro corazón. Tenemos que ordenar lo que hay en nuestro corazón y averiguar qué hacer con todo eso.

Y para hacerlo, necesitamos a alguien o algo fuera de nosotros. Necesitamos otra voz que pueda ayudarnos a ordenar nuestros pensamientos y sentimientos, y a descubrir quiénes somos de veras, quiénes queremos ser y cómo vivir de una manera que coincida con eso.

Y aquí es donde entran en escena las personas que nos rodean.

Capítulo 4

¿POR QUÉ NO PUEDO escuchar a MIS AMIGOS?

Si eres como yo, te gusta considerarte un individuo único e independiente. Tienes tus propios pensamientos, ideas e intereses. Formas tus propias opiniones. Tomas tus propias decisiones. Eres libre, independiente y único.

Y todo eso es verdad. Más o menos.

El asunto es que, tan pronto como comiences a intentar describir ese yo único, independiente e individual que tienes, te darás cuenta de que es imposible hacerlo sin incluir a otras personas en la imagen.

Por ponerme a mí mismo como ejemplo: ¿quién soy?

Bueno, para empezar, soy hijo de mis padres. Soy hermano de mi hermana. Soy tío de mi sobrina. Soy amigo de mis amigos.

Estas son algunas de las verdades más profundas e importantes de mi identidad, y todas involucran a *otras personas*.

Vale, claro. Sin embargo, esa no es *toda* la historia, ¿verdad? ¡También soy yo mismo, con mi propia vida, mi propia carrera y mis propios logros!

Soy profesor... de otras personas.

Escribo libros... para que los lean otras personas.

Vivo en mi propio apartamento... que construyó otra persona.

Sí, está bien, tal vez no hemos profundizado lo suficiente todavía. Debido a que esas cosas son solo lo que hago, ¿cierto? No son lo que *soy*.

¿Qué pasa con todas las formas que elijo para expresarme? Por ejemplo, ¿qué pasa con mis ropas? *Son* una expresión de mi identidad personal única, ¿verdad?

¡Me visto como quiero vestirme!

Bueno, excepto en el trabajo, donde tengo que usar camisa y corbata para seguir el código de vestimenta de mi escuela.

¿Quién soy y por qué importo?

Los fines de semana, en cambio, ¡me visto como quiero vestirme!

… Con ropa hecha por otras personas.

… En respuesta a las tendencias de moda que otras personas hicieron populares.

… Para poder expresarme ante otras personas.

Vale. De acuerdo. Aun así, todo eso es solo el exterior. ¿Qué pasa con todas mis opiniones, valores y creencias más fuertes y profundas? Seguro que son míos, ¿verdad?

Pues claro.

Excepto por el hecho de que en todo influyen muchísimo mis amigos, los libros que leo, la gente que sigo en las redes sociales y la cultura que me rodea.

La verdad es que hasta las partes más profundas y secretas de mi corazón y de mi mente las han moldeado la gente que me rodea. Y aunque me subiera a un avión y volara a una isla desierta para no volver a hablar con otra persona, no podría escapar, pues ya es demasiado tarde. Las voces de esas otras personas ya están en mi cabeza.

Y lo mismo te ocurre a ti.

No se trata de que no seamos individuos únicos, de seguro que lo somos. Sin embargo, lo admitamos o no, a esos seres individuales los influyen y moldean los otros seres individuales a nuestro alrededor.

Para mí, esto quedó muy claro durante mis primeros años del instituto, cuando de repente me vi rodeado de gente que estaba encantada de decirme quién creían que era...

El chico gordo.

El chico impopular.

El chico que no sabía practicar deportes.

El chico que no encajaba.

La gente dice: «No importa lo que los demás piensen de ti. ¡Lo que importa es lo que tú piensas de ti mismo!».

Lo cual es una buena idea. El único problema es que es una completa tontería.

Y si dudas de mí, pruébalo. Intenta tener una visión positiva de ti mismo cuando todos los demás te dicen que eres un desperdicio de espacio.

La verdad es que, por mucho que queramos negarlo, nos crearon para relacionarnos con otras personas y nos importa lo que piensen.

¿Quién soy y por qué importo?

¿Y cuál es la solución?

Bueno, la gente te dirá que *ignores a los que te odian y te centres en la gente que te apoya*.

Aun así, repito, la vida real es mucho más complicada que eso.

¿Qué pasa cuando las críticas que te hacen son *ciertas*? ¿De verdad solo deberías escuchar a las personas cuando te dicen lo que quieres oír?

¿O qué pasa con las críticas que crees que son ciertas en tu propia mente, pero que no lo son en realidad? ¿Cómo filtras lo que es verdad y lo que no lo es?

¿Y cuando los comentarios hirientes no vienen de una de *esas personas tóxicas que hay por ahí*, sino de una de las personas que más queremos?

Ese consejo de un amigo bienintencionado que te hace pensar: «Espera, ¿es así como me ve la gente?».

Ese comentario casual que alguien hizo hace dos años sobre tu apariencia y que todavía te quita el sueño.

Esas pequeñas insinuaciones de un profesor o de un familiar que te dicen que, a pesar de tus mejores esfuerzos, no estás a la altura.

¿Cómo lidiamos con todo *eso*?

Por un lado, no podemos vivir sin las opiniones de los demás, pues si buscamos en nuestro interior nuestro supremo sentido de valor y significado, acabaremos en un círculo vicioso de confusión y dudas sobre nosotros mismos.

Entonces, por otro lado, si *dependemos* de las opiniones de los demás, nos vamos a encontrar en un verdadero caos. Todos estamos rotos y tenemos defectos, y tarde o temprano, ya sea que quieran o no, incluso nuestras personas más cercanas nos van a decepcionar a veces. De modo que si buscamos en los demás nuestro supremo sentido de valor y significado, vamos a pasar el resto de la vida en la montaña rusa de las opiniones de los demás.

¿Y dónde nos deja eso?

¿Hay alguna manera de desenredar todo esto y empezar a avanzar hacia un lugar de salud, paz y libertad?

Creo que sí.

En el Nuevo Testamento de la Biblia, conocemos a un hombre llamado Pablo. Este hombre no tenía escasez de críticos. Se burlaron de él, lo azotaron, lo encarcelaron, lo golpearon, lo echaron de la ciudad y lo apedrearon hasta dejarlo medio muerto. Pablo sabía lo que era estar en el lado equivocado de las opiniones de otras personas.

Sin embargo, de alguna manera, incluso después de todo eso, pudo escribir estas palabras:

> *Por mi parte, muy poco me preocupa que me juzguen ustedes o cualquier tribunal humano; es más, ni siquiera me juzgo a mí mismo. Porque aunque la conciencia no me remuerde, no por eso quedo absuelto; el que me juzga es el Señor. (1 Corintios 4:3-4)*

Pablo dijo que había encontrado la manera de dejar de sentirse abrumado por las opiniones de los demás (en realidad, no le importaba si lo juzgaban) y de dejar de castigarse por sus propios fracasos y debilidades (ni siquiera se juzgaba a sí mismo).

¿Cómo lo consiguió?

No solo fue ignorando a quienes lo odiaban y siendo fiel a sí mismo; sabía que incluso si sus decisiones le *parecían* apropiadas, eso no significaba necesariamente que fuera inocente.

Pablo descubrió esta libertad al encontrar otro lugar al que acudir en busca de amor, aceptación y significado, otra voz que le ayudara a descubrir quién era y cómo debía vivir.

Para Pablo, la verdadera libertad provenía de encontrar su identidad en quien Dios decía que era.

Capítulo 5

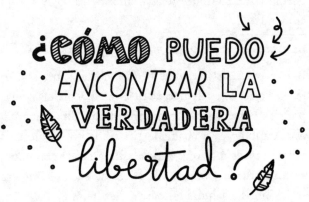

¿CÓMO PUEDO ENCONTRAR LA VERDADERA libertad?

Démosle un vistazo a lo que descubrimos hasta ahora.

Todos buscamos un significado y una importancia en la vida. Todos intentamos descubrir quiénes somos y dónde tenemos lugar. Todos queremos saber que importamos.

La gente busca este significado en todo tipo de lugares: en lo que posee, en su apariencia o en lo que puede hacer, y ninguna de estas cosas es *mala* con exactitud. Solo que no son lo bastante sólidas, estables o permanentes como para basar en ellas toda nuestra vida. Si confiamos en cualquiera de estas cosas para que nos muestren quiénes somos y por qué importamos, nos defraudarán siempre. Acabaremos agotados y decepcionados.

Entonces, ¿qué es lo que *no* nos defraudará?

Bueno, muchas personas te dirían que confíes en *ti mismo*, que mires dentro de tu corazón y te dejes guiar por tus sentimientos más profundos. Sin embargo, esto también es un callejón sin salida, pues nuestros sentimientos más profundos cambian todo el tiempo, se contradicen entre sí, y muchos de ellos ni siquiera son buenos o saludables para serles fieles.

El problema es que, como acabamos de ver, encontrar nuestra autoestima en la aprobación de los demás es como una montaña rusa, y por eso lo que necesitamos de veras es algo más grande que nosotros mismos, más grande que las personas, a fin de orientarnos y guiarnos.

Y eso nos lleva a Dios.

Más de mil años antes de que Pablo escribiera esa carta a los corintios sobre cómo encontrar su identidad en Dios, sus antepasados, el pueblo de Israel, acababan de escapar de la esclavitud en Egipto. Estaban acampados al pie del monte Sinaí, donde Dios les estaba

¿Quién soy y por qué importo?

dando una serie de leyes para mostrarles cómo vivir como su pueblo.

Y la primera ley que les dio fue esta:

> «Yo soy el SEÑOR tu Dios. Yo te saqué de Egipto, del país donde eras esclavo. No tengas otros dioses además de mí». (Éxodo 20:2-3)

Ahora bien, parte de lo que Dios le dijo a su pueblo aquí era: No adoren a Osiris, ni a Isis, ni a Horus, ni a ninguno de los otros dioses falsos que sus amos adoraban en Egipto. No adoren a Baal, ni a Aserá, ni a ninguno de los otros dioses falsos que adoran en la tierra a la que los llevo. Yo soy el único Dios verdadero y ustedes son mi pueblo, así que adórenme.

Sin embargo, el mandamiento iba más allá.

Cuando Dios dijo: «No tengas otros dioses además de mí», les decía que no valoraran a nadie ni a nada más de lo que lo valoraban a Él.

En lugar de buscar en su dinero, sus bienes, su apariencia, sus habilidades, sus amigos, su familia o cualquier otra cosa el significado y la seguridad más profundos de su vida, Dios quería que su pueblo lo buscara a Él.

Lo cual, al principio, puede parecer un poco desagradable.

En realidad, ¿estaba Dios tan *solo*, inseguro y desesperado por atención? ¿Era de veras tan egoísta que pensaba que todo el mundo debía preocuparse solo por Él?

Pues no.

Dios no le dio a su pueblo esta regla porque necesitara algo *de* ellos, sino porque sabía que era lo mejor *para* ellos. Claro, Dios merecía por completo el amor de su pueblo, pero no les ordenó que lo amaran porque fuera algo que Él necesitaba; lo hizo porque era algo que *ellos* necesitaban.

Generaciones más tarde, otro del pueblo de Dios reflexionó sobre las leyes dadas por Dios y llegó a esta sorprendente conclusión:

> «*Caminaré en libertad, porque me he dedicado a tus mandamientos*». (Salmo 119:45, NTV)

Dijeron que eran libres porque dejaban que Dios gobernara y guiara su vida, y les mostrara la mejor manera de vivir.

Por lo general, pensamos en la libertad como lo *opuesto* de seguir reglas, pero Dios dice que la verdadera libertad consiste en dejar que Él nos gobierne y nos guíe.

Lo cual, al principio, puede parecer un poco al revés.

En cambio, si lo pensamos bien, ya entendemos que esto es cierto en muchas otras partes de nuestra vida.

Tomemos el sueño, por ejemplo. Tu cuerpo *necesita* una cantidad decente de horas cada noche para mantenerse saludable.

Si quieres, puedes ignorar esa realidad. Puedes seguir atiborrándote de café y bebidas energéticas, seguir dándote bofetadas en la cara cada vez que te pesan los ojos, pero no va a terminar bien para ti.

Ignorar la necesidad de dormir de tu cuerpo puede parecer libertad a corto plazo, pero a la larga acabará *destruyéndola*. Te arruinará de manera física y mental, pues tu cuerpo está *diseñado* para dormir.

Lo mismo ocurre con la comida. Tu cuerpo *necesita* una nutrición adecuada para prosperar.

De nuevo, puedes ignorar esa realidad si quieres. Y vivir a base de hamburguesas y papas fritas puede parecer libertad al principio, pero con el tiempo te arruinará. Ese tipo de dieta te arruinará, porque tu cuerpo está *diseñado* para una nutrición adecuada.

Si quieres salud y libertad duraderas, no las vas a encontrar *ignorando* las cosas que necesitas para sobrevivir.

Las encontrarás aceptando la realidad.

Te diseñaron para prosperar con el sueño.

Te diseñaron para prosperar con comida de verdad.

Y lo que Dios dice aquí es que, a un nivel aún más profundo, te diseñaron para prosperar con su amor, cuidado y dirección.

Dios es quien te creó, y por eso, descubrir quién es *Él* y descubrir quién eres *tú* van de la mano.

La razón por la que intentar *inventarnos* una identidad resulta tan agotador es que, en primer lugar, nunca debimos inventarla.

Tu verdadera identidad y valor no es algo que necesites crear, ganar ni armar por tu cuenta. Es algo que Dios te *da*, algo que Él quiere ayudarte a descubrir a medida que lo pones en el centro de tu vida.

Dios no te pide que renuncies a tu libertad y lo sigas. Te pide que lo sigas para que pueda guiarte hacia la libertad, hacia la verdadera vida, el significado y el propósito para los que te creó.

¿Quién soy y por qué importo?

Y aunque pueda parecer que Dios te dice: *Ámame más, y ama menos a tus amigos, a tu familia y a tu vida*, ¡eso no es lo que te pide que hagas en absoluto!

En realidad, es todo lo contrario.

Dios sabe que cuando lo ponemos a Él en primer lugar, cuando le permitimos que llene nuestras vidas con el amor, la alegría, el significado y el propósito que todos buscamos, seremos capaces de amar a nuestros amigos y familiares de una *manera* mejor de lo que seríamos capaces de amarlos sin su ayuda.

Y poner a Dios en primer lugar también nos liberará para encontrar ese «equilibrio saludable» del que hablaba mi amigo antes: disfrutar de nuestro dinero, nuestros logros y todos los demás buenos regalos que Dios nos da sin *obsesionarnos* con ellos.

Por muy contradictorio que pueda parecer al principio, cuando Dios nos invita a convertirlo en lo más importante de nuestras vidas, nos invita a emprender el viaje para convertirnos en nuestro yo más auténtico y más libre.

Lo que nos lleva a nuestra siguiente pregunta: ¿quién *es* con exactitud nuestro yo más auténtico y más libre?

¿Quiénes dice Dios que somos en realidad?

Capítulo 6

¿QUIÉN DICE DIOS QUE SOY?

¿Quiénes dice Dios que somos?

¿Cuál es el propósito de nuestra vida?

¿Cuál es nuestra identidad más profunda y verdadera?

Las respuestas se vislumbran en la primera página de la Biblia. En estos párrafos iniciales, Dios crea todo el universo, llena la Tierra con un próspero y hermoso ecosistema de plantas y animales, y luego, por último y lo más importante de todo, crea su obra maestra:

Y Dios creó al ser humano a su imagen; lo creó a imagen de Dios; hombre y mujer los creó. (Génesis 1:27)

Este versículo nos dice varias cosas muy básicas, pero muy importantes, sobre quiénes somos los seres humanos.

En primer lugar, Dios creó a los seres humanos.

No somos un accidente ni un error. No somos un conjunto aleatorio de moléculas unidas a ciegas por un universo sin sentido. Nos crearon a propósito.

No solo eso, sino que nos crearon *para* un propósito, que es donde entra en juego esta idea de que los seres humanos se crearon «a imagen de Dios».

El objetivo de una *imagen* de algo es mostrarte cómo es la cosa original, representarla y reflejarla.

Por eso, cuando la Biblia dice que nos crearon a imagen de *Dios*, se refiere a que nos crearon para representar y reflejar a Dios en su universo. Nos crearon para conocerlo, para experimentar su increíble amor y bondad, y para reflejarle ese amor y esa bondad a Dios y al mundo.

Aun así, no estamos destinados a hacerlo solos.

Esto es tan obvio que quizá lo pasaras por alto, pero cuando Dios creó a las personas, no solo las creó a *él* , a *ella* o a *este*.

Él los creó a «ellos».

Es decir, a varias personas.

Y así, por lo visto, ser la imagen de Dios no es un trabajo de una sola persona. Al parecer, el amor es tan *esencial* para quién es Dios que la única forma en que podemos representarlo y reflejarlo como es debido en el mundo es *juntos*, en una conexión amorosa con otras personas.

Lo cual, por cierto, también explica lo que vimos antes sobre cómo no podemos separar nuestra propia vida de la vida de otras personas; ¡nunca debimos hacerlo! La vida humana siempre estuvo destinada a vivirse en una comunidad profunda, segura y amorosa.

Lo que tiene mucho sentido cuando consideramos lo que podría ser lo más sorprendente que la Biblia nos enseña sobre Dios: su *tres en uno*.

La Biblia insiste en que solo hay un Dios verdadero, pero que este Dios único existe de alguna manera en *tres* personas: el Padre, el Hijo y el Espíritu Santo. No se trata de tres dioses *diferentes*, ni de tres *partes* distintas de Dios, ni de tres *formas* distintas que Dios puede adoptar. Todos son Dios, todos juntos, siempre.

¿Cómo funciona esto con exactitud?

No tengo idea.

Sin embargo, por más extraño y confuso que todo esto pueda ser, también nos lleva directamente a la verdad más profunda e importante acerca de quién es Dios.

Dios no solo es un anciano solitario en una nube en algún lugar.

Dios es una relación.

Dios es una comunidad.

Dios es amor.

Y entonces, cuando *nos* amamos unos a otros, no solo somos amables.

Nos mostramos unos a otros la verdad más profunda acerca de quién es Dios.

Vivimos nuestro verdadero propósito en el mundo.

Dios creó a los seres humanos para un amor y una amistad perfectos e infinitos con Él, y un amor y una amistad perfectos e infinitos entre nosotros (Mateo 22:37-40).

$$\rtimes\!\rtimes\!\rtimes\!\rtimes\!\ltimes\!\ltimes\!\ltimes$$

Y a medida que el Génesis continúa, vemos que la forma en que debemos vivir esto es gobernando el mundo juntos:

Dios los bendijo con estas palabras: «¡Sean fructíferos y multiplíquense; llenen la tierra y sométanla; dominen a los peces del mar y a las aves del cielo, y a todos los animales que se arrastran por el suelo!». (Génesis 1:28)

Cuando Dios dice que el propósito de nuestras vidas es amarlo a Él y amar a los demás, eso no significa que nos crearan para sentarnos y sentirnos bien todo el día.

Dios quiere que las personas se asocien con Él para llenar, gobernar, explorar y cuidar su gran universo, para trabajar, jugar, construir, crear, maravillarse, inventar y descubrir, para seguir llenándonos de su vida infinita, amor y bondad, y para reflejar esa vida, amor y bondad en todo lo que hacemos.

Dios creó a las personas para un destino y un propósito gloriosos y eternos en su gran universo, un destino y un propósito que fluyen directamente del vasto e infinito amor de Dios por el género humano.

Y, como es obvio, todo esto es una gran noticia para el género humano.

No obstante, ¿y para *ti*?

Mira, esta es la cuestión: me encantan los chocolates M&M. Creo que son geniales. Si tienes algunos M&M de sobra, con gusto me encargaré de ellos por ti.

En cambio, eso no significa que *cada* M&M sea especial para mí. Si se me cae un M&M y se va por una alcantarilla o lo que sea, no me pongo triste por eso. No llamo a la policía ni organizo una partida de búsqueda. Solo me encojo de hombros y pienso: «¡Qué le vamos a hacer! Tengo muchos más de donde vino ese».

Y la razón por la que saco esto a colación es que, cuando empezamos a hablar del amor de Dios, creo que a veces nos lo imaginamos así.

Dios nos dice una y otra vez en la Biblia que nos ama, ¿pero qué significa eso con exactitud?

Claro, Dios ama a las *personas*. Dios dice que las *personas* importan. Dios creó a las *personas* con un propósito. Entonces, ¿eso significa que a Él le importan *todas* las personas? ¿Ama a cada persona de forma individual? ¿O ama Dios a las personas como yo amo a los M&M? ¿Solo las ama como grupo?

Porque si ves el amor de Dios como algo general, puede ser fácil sentir que, en realidad, Dios no te ama de ninguna manera. O que te ama por accidente, que te metieron en el mismo saco que al resto del grupo.

Puedes imaginarte a Dios sentado en algún lugar diciendo: «¡Amo a todo el mundo!», y luego alguien te señala y Dios dice: «¿Qué? ¿Ah, a ese? Bueno, claro, supongo que también lo amo. Amo a todo el mundo».

Y si *así* es que te imaginas las cosas, es probable que no sientas que Dios te ama mucho de veras.

Menos mal que, como explicó Jesús, la verdad sobre el amor de Dios es algo muy diferente:

Entonces [Jesús] contó esta parábola: «Supongamos que uno de ustedes tiene cien ovejas y pierde una de ellas. ¿No deja las noventa y nueve en el campo y va en busca de la oveja perdida hasta encontrarla? Y cuando la encuentra, lleno de alegría, la carga en los hombros y vuelve a la casa. Al llegar, reúne a sus amigos y vecinos y les dice: "Alégrense conmigo; ya encontré la oveja que se me había perdido". Les digo que así es también en el cielo: habrá más alegría por un solo pecador que se arrepienta que por noventa y nueve justos que no necesitan arrepentirse». (Lucas 15:3-7)

Ahora bien, cuando leas la palabra pastor aquí, no pienses en *granjero,* porque un granjero moderno no suele tener ningún tipo de conexión individual con sus ovejas.

En los días de Jesús, un pastor era diferente.

Un buen pastor *conocía* a cada oveja de su rebaño, y *cuidaba* de cada oveja de su rebaño.

Si perdían una oveja, no se encogían de hombros y pensaban: «Bueno, tengo muchas más de donde vino esa». La encontraban y la rescataban.

Y cuando lo hacían, se regocijaban, ¡porque su preciosa oveja que se había perdido se había encontrado de nuevo!

Y Jesús dice que *así* es el amor de Dios.

Dios no te ama como yo amo a los M&M. No nos ama a todos como a un gran grupo. Dios te ama como un buen pastor ama a sus ovejas.

Dios no solo dice que las *personas* importan.

Dice que *tú* importas.

Dios no solo ama a las *personas*.

Te ama a *ti*.

Dios no solo invita a las *personas* a su increíble y glorioso propósito y plan para el mundo.

Te invita a *ti*.

Hay muchas cosas verdaderas acerca de ti: tu cultura, tus antecedentes familiares, tus habilidades, intereses y logros, tu apariencia, cuánto dinero tienes, a quién amas y a quién no soportas, pero lo más profundo y verdadero de *todo* eso es que Dios te creó, te conoce y te ama.

Capítulo 7

¿QUÉ PASA CON TODAS LAS FORMAS EN QUE ME EQUIVOCO?

De acuerdo. Así que Dios creó a los seres humanos para que vivan una vida de amor, paz, libertad y amistad perfectos con Él y entre sí.

Todo eso parece muy bien.

Lo lamentable es que tampoco se parece en nada al mundo en el que vivimos.

Si el amor a Dios y a los demás es el propósito de la vida humana, admitámoslo, el género humano no hace con exactitud un trabajo asombroso a la hora de cumplir su propósito.

Quiero decir, claro, que hay algunos ejemplos *increíbles* de amor por ahí, pero el mundo también está lleno de guerra, violencia, injusticia, desamor y todo tipo de males.

Si el amor es el propósito de la vida humana, algo ha ido terriblemente mal.

Y si somos sinceros con nosotros mismos, *todos* somos parte del problema.

La Biblia lo expresa de esta manera: «Nadie puede alcanzar la meta gloriosa establecida por Dios» (Romanos 3:23, NTV).

Imagínate apuntando con un arco y una flecha a una diana. Apuntas a la diana, tensas el arco y sueltas la flecha. Sale disparada por los aires...

Y luego cae al suelo y se hunde en la tierra.

No solo fallaste en el blanco.

No *alcanzaste* el objetivo por completo.

Y según la Biblia, así son nuestras vidas. Dios nos llama a este increíble y glorioso propósito: esta vida de amor perfecto por Dios y por los demás.

Ese es el objetivo.

El problema es que ninguno de nosotros puede alcanzarlo.

¿Quién soy y por qué importo?

Lo que plantea una pregunta: ¿cómo responderá Dios ahora que no hemos alcanzado la vida para la que nos creó?

Volvamos a la historia que Jesús contó sobre el pastor.

En realidad, volvamos justo antes de eso, a donde nos encontramos con los dos grupos de personas a quienes Jesús les contó esa historia para empezar:

> *Muchos recaudadores de impuestos y pecadores se acercaban a Jesús para oírlo, de modo que los fariseos y los maestros de la Ley se pusieron a murmurar: «Este hombre recibe a los pecadores y come con ellos». (Lucas 15:1-2)*

Los recaudadores de impuestos y los pecadores eran la «gente mala», la gente que no había alcanzado la gloria de Dios en formas grandes, feas y obvias, gente que daba por sentado que Dios *no podía* amarla porque era muy mala.

Los fariseos y los maestros eran la «gente buena», al menos eso creían. Cumplían las reglas y, desde afuera, parecía que lo hacían todo bien, así que asumían que Dios *debía* amarlos porque eran muy buenos.

63

Sin embargo, entonces llegó Jesús, y siguió juntándose con los recaudadores de impuestos y los pecadores, con la «gente mala», y diciéndoles que Dios los amaba y quería ser su amigo. Y así, por supuesto, los recaudadores de impuestos y los pecadores *amaban* a Jesús, porque por una vez en sus vidas, no se les decía que eran demasiado malos para que Dios los amara.

Mientras tanto, los fariseos y maestros vieron todo esto y dijeron: *¡Vaya! Un momento. Si Jesús es un buen hombre, ¿por qué se junta con los malos? ¿No sabe que la única manera de lograr que Dios te acepte es siendo bueno de verdad, como nosotros?*

Murmuraban entre sí: «Este hombre recibe a los pecadores y come con ellos».

Y *fue entonces* cuando Jesús contó la historia del pastor.

Su intención no solo era decir: *Dios te conoce y te ama de manera individual*.

Esa parte es cierta por completo. Pero hay más.

La razón por la que Jesús habló de un pastor que rescata a una oveja perdida fue para describir lo que Dios quiere hacer por las *personas* perdidas, personas que no han cumplido con el propósito de Dios para sus vidas y han arruinado su amistad con Él.

¿Quién soy y por qué importo?

Jesús *sabía* que los recaudadores de impuestos y los pecadores habían cometido errores. Es más, ¡esa era la razón principal por la que Él vino! Para encontrarlos, rescatarlos y llevarlos a casa, a fin de abrirles un camino para que pudieran volver a ser amigos de Dios.

Los fariseos y maestros tenían razón en una cosa.

Dios dijo desde el principio que la *única* manera de que la gente estuviera cerca de Él era dejándole gobernar y guiar sus vidas, lo cual, como explicó Jesús, se reducía a amar por completo a Dios y a las demás personas (Mateo 22:37-40), y los recaudadores de impuestos y los pecadores obviamente no habían logrado esto.

Sin embargo, lo más chocante para los fariseos y maestros era que Jesús señaló en repetidas ocasiones cómo *ellos* tampoco lo habían logrado. Podían parecer muy buenos por fuera, pero por dentro, sus corazones estaban tan mal como los de cualquier otra persona.

Jesús insistió en que la «gente buena» estaba tan perdida como la «gente mala». En realidad, corrían aún más peligro, ¡porque al menos los «malos» estaban dispuestos a admitir que estaban perdidos!

Jesús dice que *todos* nos quedamos cortos ante el glorioso estándar de Dios.

Y no solo se trata de que hagamos nuestro mejor esfuerzo y aun así fracasemos. Claro, a veces apuntamos al blanco y fallamos, pero otras veces es como si estuviéramos apuntando nuestras flechas en la dirección opuesta por completo. Rechazamos a Dios y sus propósitos porque, a decir verdad, preferimos hacer lo que queremos.

Y como resultado, dice Jesús, estamos perdidos; por mucho que lo intentemos, no podemos volver a Dios por nuestros propios medios.

Por dicha, no necesitamos hacerlo, pues Dios vino, en Jesús, a nosotros.

Jesús era un ser humano, creado a imagen de Dios. Aun así, era mucho más que eso. Era Dios mismo, Dios el Hijo, aquí en la tierra como uno de nosotros.

Jesús fue la única persona que vivió a la perfección el propósito de una vida humana, la única persona que *no* se quedó corta en el amor perfecto de Dios. Sin embargo, a los fariseos y maestros no les gustó oír que

¿Quién soy y por qué importo?

necesitaban la ayuda de Jesús, de modo que, al final, arrestaron a Jesús, lo clavaron en una cruz y lo mataron.

Pero incluso esto era parte del plan de Dios.

Como dije antes, la Biblia nos dice que «todos nos quedamos cortos ante el glorioso estándar de Dios», pero eso es solo una parte del mensaje.

Aquí está el resto:

> *Pues todos hemos pecado; nadie puede alcanzar la meta gloriosa establecida por Dios. Sin embargo, en su gracia, Dios gratuitamente nos hace justos a sus ojos por medio de Cristo Jesús, quien nos liberó del castigo de nuestros pecados. (Romanos 3:23-24, NTV)*

A través de su muerte en la cruz, Jesús asumió la culpa por todas las formas en que nos quedamos cortos, por todas las formas en que no amamos como deberíamos, y por todo el mal que esto trae al mundo. Él pagó la pena -asumió el castigo- que debería haber sido nuestro.

Y luego, al resucitar de entre los muertos, Jesús demostró que hizo de veras todo lo necesario para *justificarnos libremente ante los ojos de Dios*, para acogernos de nuevo a casa, a la amistad con Dios.

Lo que significa que ahora, si decidimos poner nuestra confianza en Jesús, podemos volver a la vida abundante y eterna para la que nos crearon, aunque *no* alcancemos el objetivo del amor perfecto, pues Jesús ya lo alcanzó por nosotros.

Entonces, cuando todo está dicho y hecho, ¿quién eres? ¿Por qué importas? ¿Cuál es la verdad más profunda acerca de ti?

Bueno, en primer lugar, eres la preciosa creación de Dios, hecho a su imagen para una vida de amor perfecto hacia Dios y hacia los demás. Importas porque Dios dice que importas, y no hay nada en el mundo que nadie más pueda decir para deshacer eso.

Sin embargo, lo que es igual de cierto es que tú lo has estropeado todo. Yo también. Todos también. Todos nos quedamos cortos. Todos hemos hecho todo tipo de mal tanto a Dios como a la gente.

Aun así, la historia no termina allí. No, si decides aceptar el rescate que te ofrece Jesús.

Si pones tu confianza en Jesús, puedes caminar con la absoluta libertad de saber que Él ya ha tomado todo tu pecado, vergüenza, fracaso y quebrantamiento, y los clavó en la cruz.

¿Quién soy y por qué importo?

Puedes renunciar a todos esos callejones sin salida que tratas para demostrar que importas, pues sabes que tu identidad más profunda y verdadera es un regalo de Jesús: eres un precioso, atesorado y rescatado hijo de Dios, y ningún poder en el universo podrá quitarte eso jamás.

¿Qué pasa por tu mente cuando escuchas las palabras «Dios te ama»?

¿Te preocupa que no sea verdad? ¿Que hayas cometido un error muy grave? ¿Que Dios puede amar a la *gente*, pero que no puede *amarte* de veras a ti? ¿Alguien te ha hecho sentir que estás fuera del círculo del amor de Dios, que de alguna manera no estás incluido en la invitación de Jesús?

Se equivocan.

La muerte de Jesús en la cruz es la prueba de que, quienquiera que seas y lo que hayas hecho, eres amado, acogido e incluido en su invitación.

Por otra parte, si crees que no necesitas la ayuda de Jesús, si piensas: *Bueno, ¡por supuesto que Dios me ama! ¿Quién no lo haría?*, Jesús te dice que tú tampoco lo entiendes.

Porque la otra cosa que la cruz nos muestra sobre el amor y el rescate de Jesús es que todo el mundo lo necesita.

Jesús no murió por ti porque seas una persona razonablemente buena que solo necesita un poco de perdón para superar la barrera. Lo hizo porque era la única manera de llevarte a casa con Dios.

Jesús vino y murió por ti porque te amaba tanto que ni siquiera la muerte era un precio demasiado alto para acogerte de nuevo en su familia.

Sin Jesús, *todo el mundo* está perdido.

Con Jesús, en cambio, a *todo el mundo* lo pueden encontrar.

Y cuanto más confíes en el amor infalible de Dios por ti, esta bondad perfecta que ve hasta las partes más profundas, oscuras y rotas de ti, y que aun así te llama precioso y amado, más libre serás para convertirte en la persona que eres en realidad.

Capítulo 8

¿Qué DIFERENCIA MARCA DIOS?

Hace poco leí acerca de una mujer que consiguió un nuevo empleo en un banco. Le entusiasmó saber que iba a aprender a identificar dinero falso, a detectar las señales reveladoras de que lo que parecía un billete auténtico era en realidad una ingeniosa falsificación.

Se imaginaba equipos de alta tecnología y ejercicios de entrenamiento impresionantes, al nivel de un agente secreto. Sin embargo, cuando llegó, su instructor solo le entregó un fajo de billetes auténtico y le pidió que los contara. Y que los volviera a contar. Y que los volviera a contar. Una y otra vez.

¿Por qué? Porque resulta que la mejor manera de reconocer el dinero falso es conocer *de veras* cómo se siente el dinero real. La mejor manera de detectar las falsificaciones es estar lo más familiarizado posible con el auténtico.

Y lo mismo es cierto cuando se trata de averiguar tu identidad. Cuanto más te concentres en tu verdadera identidad, en lo que Dios dice que eres, menos te desviarán del camino las opiniones de otras personas.

Volveremos a esa idea en un minuto. Pero antes, ¿recuerdas cuando hablamos de la idea de que Dios es tres en uno? Dale un vistazo a este acontecimiento de la biografía de Jesús escrita por Lucas, en la que se vislumbra la relación entre Dios Padre, Dios Hijo y Dios Espíritu Santo:

Un día en que todos acudían a Juan para que los bautizara, Jesús fue bautizado también. Y mientras oraba, se abrió el cielo y el Espíritu Santo bajó sobre él en forma de paloma. Entonces se oyó una voz que desde el cielo decía: «Tú eres mi Hijo amado; estoy muy complacido contigo». (Lucas 3:21-22)

En ese momento de su vida, después de pasar sus primeros treinta años creciendo como casi cualquier otra persona, Jesús se preparaba para iniciar tres años de vida pública, tres años de viajes, predicando la buena noticia de que, en Él, Dios vino a rescatar a su pueblo.

Durante esos tres años, Jesús iba a estar *constantemente* rodeado de gente que le iba a decir quién era y quién debía ser. Lo iban a amar, odiar, alabar, acosar y malinterpretar por accidente y malinterpretar a propósito. *Todo el mundo* iba a tener una opinión sobre su identidad.

Entonces, justo aquí, antes de todo eso, Dios el Padre le dio a Jesús este poderoso recordatorio de quién era en realidad: *Eres mi hijo precioso. Te amo. Estoy muy complacido contigo.*

⦃⦄⦃⦄⦃⦄⦃⦄⦃⦄

En el capítulo siguiente, leemos estas palabras:

> *Jesús, lleno del Espíritu Santo, volvió del Jordán y fue llevado por el Espíritu al desierto. Allí estuvo cuarenta días y fue tentado por el diablo. No comió nada durante esos días, pasados los cuales tuvo hambre. (Lucas 4:1-2)*

Antes de iniciar su vida pública, Jesús pasó casi seis semanas en el desierto sin ningún alimento. Sin embargo, no se trataba de un extraño desafío de resistencia. Jesús se tomaba a propósito ese tiempo para estar a solas con su Padre, lejos de todas las demás voces, concentrándose una y otra vez en la verdad acerca de quién era Él: *Eres mi hijo precioso. Te amo. Estoy muy complacido contigo.*

Mientras Jesús estaba allí en el desierto, se enfrentó a un antiguo enemigo de Dios, al que Lucas llama «el diablo». Y las primeras palabras que leemos que salieron de la boca de este enemigo fueron: «Si eres el Hijo de Dios —propuso el diablo—, ordénale a esta piedra que se convierta en pan» (v. 3).

Si eres el Hijo de Dios.

Si lo eres.

Este fue un ataque directo a lo que Dios Padre dijo acerca de la identidad de Jesús: *¿Eres de veras quien Dios dice que eres? ¿Estás seguro de que puedes confiar en Él?*

A estas alturas, Jesús estaría hambriento, sucio y cansado por su estancia en el desierto, por lo que yo siempre solía interpretar esto como un ataque del enemigo de Dios a Jesús en el momento de su mayor debilidad.

Recientemente, en cambio, he llegado a preguntarme si lo había entendido todo al revés.

Claro que Jesús estaba hambriento, sucio y cansado, pero también, ¿qué estuvo haciendo todo ese tiempo en el desierto?

¿Quién soy y por qué importo?

Jesús estuvo concentrándose una y otra vez en su verdadera identidad, la que le otorgó Dios. Se pasó un día tras otro con las palabras de su Padre resonando en sus oídos y calando hondo en su corazón:

Eres mi hijo precioso. Te amo. Estoy muy complacido contigo.

Y entonces, cuando este enemigo de Dios entró y comenzó a cuestionar la identidad de Jesús, comenzó a exigirle que demostrara su valía, comenzó a tratar de alejar a Jesús de su Padre, no tuvo ninguna oportunidad contra Jesús.

¿Por qué?

Porque en lo más profundo de su alma, *Jesús sabía quién era.*

Cuando el enemigo trató de desviarlo con una mentira, Jesús contraatacó con la verdad, sacando una cita directamente de la Biblia hebrea:

Jesús respondió:

—Escrito está: "No solo de pan vive el hombre, sino de toda palabra que sale de la boca de Dios". (Mateo 4:4)

Jesús no se dejaría desequilibrar por las opiniones de otras personas sobre quién era Él. No creería la mentira de que Dios, su Padre, no le amaba de verdad. Sabía que era Dios, y no el pan, lo que les da vida a las personas en realidad.

Es un poco como la mujer de los billetes. Jesús conocía tan bien su identidad más auténtica y real, lo que *Dios* decía que era, que cuando alguien vino y trató de desviarlo del camino con una versión falsa, Jesús pudo detectar al instante la falsificación.

Y desde ese lugar de profunda confianza en Dios, su Padre, Jesús siguió adelante y vivió una vida de paz, gozo, confianza y, sobre todo, de amor a Dios y a los demás, incluso ante al sufrimiento, la incomprensión y el rechazo.

Y ahora quiere ayudarte a que hagas lo mismo.

El mundo está lleno de voces que te dicen quién eres y quién deberías ser.

Voces que te dicen que no estás a la altura.

Voces que te dicen que debes demostrar lo que vales.

Voces que te dicen que, si compras algo nuevo, tienes una nueva experiencia, adoptas una nueva opinión, consigues el trabajo adecuado, encuentras a la persona adecuada, pierdes mucho peso, trabajas más duro o te va mejor, tal vez entonces todo tendrá sentido y, al final, podrás ser esa persona feliz y realizada que el mundo te sigue prometiendo.

Y es *agotador*, ¿verdad?

¿Quién soy y por qué importo?

Y, más que eso, es una *mentira*.

Aun así, la increíble noticia es que Jesús te ofrece un camino mejor.

Él se ofrece a sacarte de ese ciclo constante de miedo y duda, y a llevarte a la vida para la que te crearon, a ayudarte a rechazar las falsas afirmaciones de esas otras voces y a aferrarte a lo auténtico.

Sin embargo, todo comienza con renunciar al proyecto condenado al fracaso de reconstruir tu propia identidad. Todo comienza con volvernos a Dios y aceptar el don gratuito de la gracia que Jesús nos trajo con su muerte.

Al principio, puede parecer un tanto al revés: encontrar la verdadera libertad dejando que otro te guíe, pero Jesús insiste en que es verdad:

> *«Si te aferras a tu vida, la perderás; pero, si entregas tu vida por mí, la salvarás». (Mateo 10:39, NTV)*

La verdad es que, al otro lado de poner tu confianza en Jesús, hay *vida*.

Está la libertad de saber que no queda nada por hacer ni nada por demostrar, pues Jesús ya lo hizo todo *por* ti.

Y está la libertad de saber quién eres en realidad: que, en Jesús, Dios dice de ti lo mismo que dice de su propio Hijo:

Eres mi hijo precioso. Te amo. Estoy muy complacido contigo.

Capítulo 9

SIGUE EL CAMINO DE JESÚS

Cuando dejas de intentar crear tu propia identidad y empiezas a creer la verdad que Dios te dice sobre ti, al principio puede parecer que no han cambiado muchas cosas, pero la verdad es que seguir a Jesús tiene el poder de transformar toda tu vida.

Al poner tu fe en Jesús, al confiar en que Él ya alcanzó ese objetivo de amor perfecto por ti, Dios promete enviar a su Espíritu Santo, el mismo gran poder que resucitó a Jesús, a fin de que obre en tu vida, ayudándote a convertirte en el tipo de persona que puede vivir más plenamente el increíble propósito para el que te creó Dios (Juan 14:26, Efesios 1:18-20).

Esto no significa llegar a ser perfecto de la noche a la mañana. Lo que sí significa es que, día a día, momento a momento, a través de todos los altibajos de la vida, Dios te transformará para que seas más semejante a Jesús, llenando tu vida cada vez más de amor, alegría, paz y libertad que buscamos todos (2 Corintios 3:17-18; Gálatas 5:22-23).

Este cambio comienza en el momento en que pones tu confianza en Jesús, y se completará el día en que Jesús regrese para sanar nuestro mundo quebrantado y darle la bienvenida a su pueblo a la vida eterna con Él (Filipenses 1:6; Apocalipsis 21:1-5). Mientras tanto, Dios promete que nada en el universo puede separarte de su amor por ti (Romanos 8:38-39; Efesios 3:16-19).

Estas son promesas increíbles, y la muerte y resurrección de Jesús son la prueba fehaciente de que todas son confiables y verdaderas por completo.

Sin embargo, aquí está la cuestión: no siempre se sienten ciertas.

Aquí abajo, en medio de nuestra vida cotidiana, a veces puede parecer que seguir a Jesús no marca ninguna diferencia.

Entonces, ¿cómo podemos salir de esa sensación? ¿Cómo podemos experimentar de veras esta transformación

¿Quién soy y por qué importo?

que promete Jesús? ¿Cómo podemos vivir estas cosas de una manera que la verdad penetre en nuestros corazones y cambie nuestra vida diaria?

Imagina a un explorador abriendo un camino en la selva.

La primera vez que recorra ese camino, le resultará muy difícil quitar todas las lianas y ramas de su camino.

No obstante, si recorre el mismo camino al día siguiente, será un poco más fácil porque ya habrá hecho gran parte de ese trabajo.

Y al día siguiente, será aún más fácil.

Cada vez que el explorador recorra el mismo camino, será más rápido y fácil que el anterior, hasta que, con el tiempo, lo que solía ser una caminata agotadora y sudorosa se convierta en algo tan sencillo como caminar por la calle.

Los científicos han descubierto que así funciona también nuestro cerebro.

Lo llaman *plasticidad neuronal*. La idea básica es que cuanto más repite el cerebro un patrón de pensamiento, más fácil y natural le resulta repetirlo la próxima vez.

Esto explica por qué nuestros hábitos son tan poderosos.

Día tras día, repetición tras repetición, nuestros hábitos están transformando literalmente nuestra mente, lo que puede ser una buena o una mala noticia, dependiendo del hábito.

Cuanto más te comparas con otras personas en las redes sociales, más te conviertes en el tipo de persona cuya identidad está moldeada por las redes sociales.

Por otro lado, cuanto más busques oportunidades para ser generoso, más te convertirás en el *tipo de persona* que es generosa por naturaleza.

Entonces, de un modo u otro, tus hábitos te están cambiando.

¿Qué es lo primero que haces cuando te levantas por la mañana?

Supongo que muchos de ustedes responderían: *Revisar mi teléfono*.

Es un hábito en el que es fácil caer, pero también es una forma *terrible* de empezar el día.

No es que todos nuestros teléfonos sean malos, pero piensa en lo que haces en el momento en que revisas tus notificaciones o comienzas a navegar por las redes

¿Quién soy y por qué importo?

sociales. Te estás enganchando a un flujo interminable de opiniones y prioridades de *otras personas*.

Lo que significa que cuando empiezas el día en un dispositivo, estás renunciando a tu libertad de elegir lo que vas a pensar y lo que te va a importar y lo que te va a preocupar durante el día.

Estás dejando que la internet elija por ti.

O quizá no sea así. Tal vez, en lugar de revisar tu teléfono cuando te despiertas, solo te lanzas directamente al día: te duchas, desayunas, te vistes y sales corriendo por la puerta.

Pero ya sea que comencemos el día con distracciones o con ocupaciones, el resultado es el mismo: antes de que nos demos cuenta, estamos inmersos en nuestro día sin siquiera pensar en Dios.

Lo cual hace que me pregunte: si sentimos a Dios distante y solo medio real para nosotros, ¿qué pasa si eso no se debe a que *no* se hace presente?

¿Y si es porque *nosotros* no lo hacemos?

En la Biblia, Jesús nos muestra una serie de hábitos muy diferente:

> *Muy de madrugada, cuando todavía estaba oscuro, Jesús se levantó, salió de la casa y se fue a un lugar solitario donde se puso a orar. (Marcos 1:35)*

¿Recuerdas los cuarenta días que Jesús pasó en el desierto? Eso no fue algo aislado. La Biblia nos dice que Jesús *a menudo* se retiraba solo a un lugar tranquilo para orar (Lucas 5:16), que tenía el hábito regular de tomarse un tiempo para centrar su atención en Dios, su Padre, para hablar con Él y para dejar que *Él* marcara la dirección de su día.

Otra cosa que se nota cuando se lee sobre Jesús en la Biblia es cómo conocía su Biblia, lo que ahora llamamos el Antiguo Testamento, de principio a fin.

Cuando Jesús citó la Biblia en el desierto para luchar contra el enemigo de Dios, no fue algo aislado. A lo largo de las biografías de Jesús, se repite el mismo patrón una y otra vez: sin importar en la situación que se encontrara, Jesús siempre tenía algo de sabiduría de las Escrituras para guiar lo que decía y hacía.

«Bueno, por supuesto que *Él* podía hacerlo», se podría decir. «Jesús es *Dios*».

Y es verdad, pero también es humano por completo. Y en su vida humana en la tierra, Jesús llegó a conocer la Biblia de la misma manera que lo hace cualquier persona: pasando mucho tiempo leyéndola o escuchándola.

¿Quién soy y por qué importo?

Un tercer hábito que Jesús adquirió fue vivir su vida en comunidad.

Acudía con regularidad a la sinagoga (donde la gente se reunía para adorar a Dios). Vivía en estrecha amistad con sus discípulos, y pasaba tanto tiempo en cenas que se ganó la reputación de ser un fiestero desenfrenado (Mateo 11:19).

Recuerda, reflejar la imagen de Dios es algo que Dios nos creó para hacer *juntos*, y por eso tiene mucho sentido que Jesús también lo hiciera así.

$$\bowtie\!\bowtie\!\bowtie\!\bowtie\!\bowtie\!\bowtie$$

Ora.

Lee la Biblia.

Pasa tiempo con otros seguidores de Jesús.

Centra tu atención en Dios.

Como puedes ver, ninguna de estas son ideas nuevas e increíbles, pero ese es el punto con exactitud. No necesitamos un montón de ideas nuevas. Solo necesitamos vivir las antiguas, no para *ganarnos* el amor, el perdón o la aprobación de Dios; esas cosas ya son nuestras como un don gratuito a través de la fe en Jesús.

Sin embargo, a medida que imitamos los hábitos de Jesús, el Espíritu de Dios los usará para transformar nuestros corazones y mentes.

Así que tómate un momento para pensar: ¿cuál podría ser el mejor paso siguiente para que estos hábitos se conviertan en una parte más regular de tu vida?

Tengo que ser sincero contigo: no soy muy bueno en nada de esto.

Y puedo decirte por experiencia que, cuando empiezas a tomarte en serio estas cosas, te parecerá extraño, poco natural y un poco absurdo, como si estuvieras abriéndote camino en la selva.

No obstante, estoy aprendiendo que cuanto más repito estos hábitos, más fáciles me resultan y más me cambian la vida.

Así que, a modo de ejemplo, esto es lo que hago.

Cada mañana (bueno, está bien, la *mayoría* de las mañanas), antes de cualquier otra cosa, antes de mirar mi teléfono, antes de preocuparme por todo lo que tengo que hacer, trato de levantarme veinte minutos antes de lo que estrictamente hablando tengo que hacerlo,

¿Quién soy y por qué importo?

desayuno y, durante unos minutos, solo... miro por la ventana.

Oro. Leo un poco de la Biblia. Saco un diario y escribo algunas cosas por las que estoy agradecido. En esencia, en la medida de lo posible, antes de dejar entrar todas las demás voces, intento dejar que Dios establezca la agenda para mi día.

Pero entonces, por supuesto, comienza el día, y me dejo llevar por el ajetreo de la vida, y la mayoría de las veces, mi atención se aleja de nuevo de Dios.

Así que la siguiente pieza del rompecabezas es seguir pidiéndole a Dios, tan a menudo como me acuerde a lo largo del día, que vuelva a centrarme en Él. Le pido que me siga recordando su amor y que me siga mostrando las formas en que me invita a compartir ese amor con las personas que me rodean.

Y, por supuesto, Dios nunca quiso que emprendiéramos este viaje solos. Necesitamos a otras personas que nos animen y nos hagan seguir adelante (Hebreos 10:23-25), y por eso también tengo una iglesia a la que voy todos los domingos, y amigos en esa iglesia con los que hablo, oro y salgo durante la semana.

Como dije, no soy un experto.

No hay una fórmula mágica aquí y, hasta ahora, no hay voces desde las nubes ni nada por el estilo.

La mitad del tiempo no parece que esté sucediendo gran cosa.

Aun así, cuanto más camino cada día con Dios, más puedo ver cómo el Espíritu de Dios me transforma en el *tipo de persona* que camina cada día con Dios.

Y poco a poco, voy aprendiendo (no solo como una idea, sino como una experiencia de la vida real) que la vida que Jesús nos ofrece es, en realidad, la vida más verdadera, más libre y más grandiosa que existe.

Capítulo 10

DESCANSA EN EL AMOR DE JESÚS

Antes de terminar este libro, hay un hábito más de la vida de Jesús del que quiero hablarte. Lo dejé para el final, en parte porque es mi favorito, pero sobre todo porque estoy convencido de que cuanto más practiquemos *este* hábito, mejor practicaremos todos los demás.

¿En qué consiste esta increíble actividad, este poderoso hábito que te ayudará a conectarte más de cerca con Dios y con tu propia identidad verdadera?

Bueno, es bastante sencillo.

Todo lo que tienes que hacer es... parar.

¿Recuerdas cuando en la montaña Dios le dio a Israel esa lista de reglas para mostrarles la manera de vivir como su pueblo?

Una de esas reglas se refería a algo llamado sábado, un día a la semana en el que *todos* debían dejar de trabajar durante veinticuatro horas para descansar, celebrar y recordar a Dios (Deuteronomio 5:12-15).

Puede parecer extraño que Dios le ordene a su pueblo que haga algo, pero este *mandamiento* tiene todo el sentido del mundo cuando piensas en quiénes eran estas personas.

Recuerda que el pueblo de Dios acababa de salir de cuatrocientos años de esclavitud. Durante siglos, se les dijo que su valor y estima se basaban por entero en lo que podían *producir, lograr y hacer*.

Así que una de las razones por las que Dios le dio a su pueblo el sábado fue como un recordatorio semanal de que eran mucho más que eso, que su valor no dependía de lo que *hacían*, sino de lo que *eran*: Los preciosos, rescatados y queridos hijos de Dios.

Dios quería que su pueblo se quedara quieto el tiempo suficiente para recordar su verdadera identidad. Como esclavos en recuperación, era un mensaje que necesitaban escuchar con urgencia.

¿Quién soy y por qué importo?

Y no creo que sean los únicos.

Hace poco, estuve enseñando a un grupo de mis alumnos de quinto año sobre estos hábitos de la vida de Jesús. Tuvimos una lección fantástica sobre la gratitud. Hicimos un desafío de oración de tres semanas que muchos aceptaron. Tuvimos algunas charlas estupendas sobre la lectura de la Biblia, la comunidad y la vida generosa.

Todo iba bien hasta que llegamos a la lección sobre el descanso.

En cuanto empecé a hablar de la idea de reservar un día a la semana para detenernos y reconectarnos con Dios, un silencio extraño e incómodo llenó el aula.

Al final, una chica levantó la mano y dijo lo que todos estaban pensando:

«Sr. Morphew, no creo que esto sea muy realista. *No podemos* tomarnos un día libre. No tenemos tiempo».

Me pregunto si puedes identificarte con ese sentimiento.

Vivimos en una de las culturas más ocupadas que el mundo haya conocido jamás. A medida que crecemos, nos dicen una y otra vez que debemos trabajar duro y aprovechar al máximo cada oportunidad para tener éxito en la vida.

Tenemos muchas presiones sobre nosotros que nos llevan a *seguir adelante*: la escuela, el trabajo, los deportes, los pasatiempos, los compromisos familiares, las actividades sociales y los trabajos que hay que hacer en la casa...

Entonces, cuando no tenemos nada que hacer, nuestros teléfonos y otros dispositivos a menudo nos *impiden* parar. Siempre hay una nueva publicación que nos gusta, un nuevo mensaje al que responder, un nuevo programa que ver, lo que significa que la mayor parte del tiempo, incluso cuando estamos «descansando», en realidad no descansamos. Nuestras vidas siguen llenas de ruido.

Jesús nos invita a vivir de una manera mejor. A través del sábado, nos invita a tomarnos un tiempo libre de nuestras interminables actividades y a aprender a descansar en lo que ya Él hizo por nosotros.

(Y si sientes que *no puedes* tomarte un tiempo para descansar, esa puede ser la pista más importante de todas las que necesitas con urgencia).

Puede que tengas que negociar con tu familia y hacer algunos cambios en tu agenda para asegurarte de que sigues haciendo todas las cosas que *necesitas* hacer en realidad. Y, vale, tal vez *no puedas* tomarte un día libre ahora mismo. Quizá solo puedas encontrar una tarde. Tal vez solo puedas encontrar una hora.

Bien. Genial. Empieza por ahí.

La clave aquí es tomar un tiempo deliberado y regular para detenerte, centrar tu atención en Dios y dejar que Él te recuerde la verdad acerca de quién eres de veras.

De acuerdo, Sin embargo, ¿qué *haces* con exactitud?

Bueno, como es obvio, este hábito será diferente para cada persona, pero esto es lo que yo hago.

Los sábados no trabajo nada. No me preparo para la semana siguiente en la escuela. No trabajo en mi próximo libro. No plancho ni paso la aspiradora ni ordeno.

Solo me detengo. Descanso. Oro. Leo. Salgo a caminar. Puede que vea una película o algo, pero en general trato de no pasar mucho tiempo frente a una pantalla. Como buena comida. Salgo con mis amigos y mi familia. Hago las cosas que me llenan por dentro.

Y por el camino, reduzco la velocidad lo suficiente como para experimentar todos los sentimientos que no tuve tiempo de sentir esa semana, y pensar todos los pensamientos que no tuve tiempo de pensar.

Dejo que Dios me recuerde todo lo que he dicho en este libro: que incluso cuando dejo todo mi trabajo y todas las demás formas en que trato de probarme a mí mismo, que *todavía importo*, solo porque Dios lo dice; que mi verdadero valor, significado, propósito e identidad son dones gratuitos de Dios.

Y lo mismo vale para ti.

Cuanto más aprendas a descansar en lo que Dios dice que eres, más transformará todo lo demás.

Podrás disfrutar del dinero, de las cosas y de las experiencias que Dios te envía sin *obsesionarte* con nada de eso, porque sabes que todo es un regalo de Dios y que nada de eso es ni un uno por ciento tan valioso como la vida eterna a la que te invitó Él.

Serás libre de ser generoso con lo que tienes, sabiendo que Dios siempre cuidará de ti.

Podrás celebrar tus logros sin obsesionarte contigo mismo, y celebrar los logros de *otras personas* con el mismo entusiasmo con el que celebras los tuyos, pues sabes que la vida no es una competencia.

Y hasta cuando *fracases*, eso es aceptable también, pues de todos modos tu verdadera identidad nunca provino de nada de eso.

Podrás llevar una vida de amor, paz, generosidad y bondad, no como una forma de ganar o aferrarte al amor de Dios, sino desde la profunda libertad, seguridad y paz de saber que *ya lo tienes*.

Uno de los recuerdos más vívidos de toda mi vida es cuando visité a mi sobrina en el hospital el día de su nacimiento.

Recuerdo que tomé a la pequeña Hattie en brazos por primera vez y me sentí *abrumado por completo* de amor.

Recuerdo que pensé: «¿Cómo es posible? ¡Te acabo de conocer! ¿Cómo puedo amarte *tanto* ya?».

Nunca había sentido algo parecido.

Y la cuestión es la siguiente: Hattie no podía *hacer* nada. Como cualquier recién nacido, ni siquiera podía enfocar los ojos ni mantener la cabeza erguida. Cuando me miraba, todo lo que veía era una imagen borrosa.

En realidad, Hattie no aportaba gran cosa al mundo, excepto pañales sucios y gritos.

Aun así, a pesar de todo eso, quería estar con ella *todo el tiempo*.

Y todavía lo quiero.

Ella no necesita hacer nada.

No necesita demostrar nada.

Es amada de manera profunda, completa e incondicional, y no necesita hacer nada para ganárselo.

Y me pregunto, ¿qué podría cambiar en tu vida si permitieras que se arraigue en lo más profundo de tu ser que, en Jesús, eso es lo que Dios siente por *ti*?

¿Qué podría cambiar si de veras te permitieras confiar en que el Dios que te creó te ha visto hasta tus profundidades más oscuras y, de todos modos, está comprometido por completo contigo?

¿Qué cambiaría si comprendieras de verdad que ya no hay *nada* que demostrar?

¿Podrías respirar un poco más tranquilo?

Para terminar, permíteme que te deje con esta invitación de Jesús:

¿Quién soy y por qué importo?

«Vengan a mí todos ustedes que están cansados y agobiados; yo les daré descanso. Carguen con mi yugo y aprendan de mí, pues yo soy apacible y humilde de corazón, y encontrarán descanso para sus almas. Porque mi yugo es suave y mi carga es liviana». (Mateo 11:28-30)

Mi oración para ti, mientras terminas de leer este libro, es que permitas que Jesús te enseñe a ser «apacible y humilde de corazón», que confíes en que Él te muestre quién eres en realidad y te guíe hacia la vida abundante para la que Él te creó.

Que llegues a saber, en lo más profundo de tu ser, que ya no tienes nada que ganar, demostrar ni vivir, pues la vida es un regalo y tú importas porque Dios dice que importas.

Que vivas cada día con Jesús, y que encuentres en Él la verdadera alegría, la paz y el descanso que has estado buscando por tanto tiempo.

Referencias

Una persona sabia me dijo una vez que la creatividad consiste en olvidar a quién le robaste tus ideas, pero lo irónico es que, desde entonces, he olvidado quién era esa persona.

Como sucede en todos mis escritos (y sospecho que en casi todos los escritos sobre estas grandes cuestiones de la vida y de la fe), las ideas más útiles y profundas de este libro no son mías, sino que me las presentaron otras personas. Por eso, en lugar de olvidar a quién se las robé, aquí hago mi mejor esfuerzo por darle el crédito a quien lo merece.

El libro de Timothy Keller, *Dioses falsos*, me resultó increíblemente útil mientras escribía el segundo capítulo de este libro. Keller también fue el primero que me señaló la idea de que nuestro yo futuro siempre podrá mirar atrás a nuestro yo presente y señalar un montón de formas en las que no fuimos tan sabios como creíamos.

La primera vez que leí la observación de que las redes sociales han aumentado de manera drástica el número de personas con las que podemos compararnos fue en *Diez años*, de Madonna King.

La idea de que, de todas las cosas verdaderas acerca de nosotros, nuestra identidad en Dios es lo más verdadero, está tomada de *The Truest Thing About You* [Lo más verdadero acerca de ti], de David Lomas.

Leí la historia de la mujer que aprendió a detectar el dinero falso en *Valentía en solo 100 días*, de Annie F. Downs.

La eliminación despiadada de la prisa, de John Mark Comer, es un libro maravilloso por completo. Comer fue quien primero me aclaró que el desierto era un lugar de fortaleza y no de debilidad para Jesús, y quien me ayudó a ver las implicaciones de la plasticidad neuronal para nuestra formación espiritual. Sus enseñanzas sobre el descanso fueron de gran ayuda para elaborar el capítulo final de este libro, al igual que *Beautiful Resistance* [Hermosa resistencia], de Jon Tyson.

Otros libros útiles que leí mientras me preparaba para escribir este incluyen *El don de ser tú mismo*, de David G. Benner, *Spacemakers* [Hacedores del espacio], de Daniel Sih, *Una fe lógica*, de Timothy Keller, *Adorning the Dark* [Adorno en la oscuridad], de Andrew Peterson, *Embodied* [Encarnado], de Preston Sprinkle, y *El origen y el triunfo del ego moderno*, de Carl Trueman.

Agradecimientos

Gracias a Rachel Jones por ser una editora tan perspicaz y paciente, a André Parker por su increíble diseño de portada, a Emma Randall por las fantásticas ilustraciones y a todo el equipo de TGBC por apoyar esta serie y ayudarla a ser lo mejor posible.

Muchísimas gracias a Alannah, Fiona, Mirabelle, Sienna, Tyler, Hannah, Micah y Corlette, que fueron los primeros en leer este libro.

Gracias al personal, los estudiantes y las familias de PLC Sydney. Es uno de los grandes privilegios de mi vida hablarles acerca de las buenas nuevas de Jesús cada semana.

Gracias a mamá y papá por las incontables horas que han dedicado a hablar de mis grandes preguntas sobre Dios durante los últimos treinta años.

Gracias a Katie y Waz, Phil y Meredith, y Kerryn y Andrew, por su constante amor, apoyo, sabiduría y aliento.

Gracias a Hattie, Liam y Alec, por ayudarme a ver el amor de Dios con más claridad. Dios permita que crezcan llenos de grandes preguntas y que siempre vuelvan a nuestro gran Rey Jesús en busca de respuestas.

Gracias a Tom French por ser un brillante compañero de escritura y de pódcast.

Gracias a Rowan McAuley por su amistad y compañerismo en el evangelio, y por su constante entusiasmo y aliento con estos libros, a pesar de que me siguen alejando de las novelas que se supone que deberíamos estar escribiendo.

Por último, pero no menos importante, gracias a mi familia de la iglesia presbiteriana de Abbotsford. En particular, un gran agradecimiento a todo el equipo de YCentral; Dios permita que este libro les ayude a ver con más claridad el abundante amor que Dios tiene por ellos en Jesús.

¿QUIÉN SOY Y POR QUÉ IMPORTO? GUÍA DE ESTUDIO

CAPÍTULO 1: EN BUSCA DE TU VERDADERO YO

▼ Fíjate en las preguntas que hace Chris en las páginas 13-14 («¿Alguna vez...?»). ¿A cuál le responderías «sí»?

▼ ¿Qué voces diferentes hay en tu vida que te dicen quién eres y quién deberías ser? (Consulta las páginas 14-15). Nombra personas o cosas concretas.

▼ ¿A cuáles de estas es útil prestarles atención? ¿Hay alguna que no te ayude?

CAPÍTULO 2: ¿CÓMO SÉ QUE IMPORTO?

▼ En el capítulo 2 se habló de tres lugares a los que la gente acude para encontrar significado en la vida: el dinero, la apariencia y el logro de sus objetivos.

▼ ¿En cuál de estos lugares es más probable que encuentres tu significado? ¿En qué sentido?

▼ ¿Te ha decepcionado alguna vez o ha resultado ser un callejón sin salida?

▼ ¿Conoces a algún seguidor de Jesús que encuentre su significado en seguirlo? ¿Qué diferencia marca eso en su forma de ser?

CAPÍTULO 3: ¿POR QUÉ NO PUEDO SER FIEL A MÍ MISMO?

▽ «Sé fiel a ti mismo. Sigue a tu corazón. Haz más de lo que te hace feliz». ¿Has escuchado alguna vez mensajes como estos? Si es así, ¿de dónde?

▽ ¿Por qué «haz lo que te hace feliz» como forma de navegar por la vida no da resultado en realidad?

▽ En las páginas 32-34, Chris habla sobre la experiencia de intentar ayudar a alguien, solo para terminar empeorando la situación; de perseguir algo que estás seguro de que te hará feliz, solo para descubrir que no es así; de experimentar deseos que no son buenos para ti ni para otras personas. ¿Te sientes identificado con alguno de ellos?

▽ Necesitamos una voz fuera de nosotros que nos ayude a descubrir quiénes somos, quiénes queremos ser y cómo vivir de una manera que coincida con eso. ¿Dónde crees que podemos encontrarla?

CAPÍTULO 4: ¿POR QUÉ NO PUEDO ESCUCHAR A MIS AMIGOS?

▽ «La verdad es que hasta las partes más profundas y secretas de mi corazón y de mi mente las han moldeado la gente que me rodea». ¿De qué manera nos moldean o nos influyen otras personas? ¿Quién crees que te ha moldeado, ya sea de una manera buena o mala?

▽ ¿Cuál es el problema de depender de las opiniones de otras personas?

¿Quién soy y por qué importo?

▼ Vuelve a leer 1 Corintios 4:3-4 (en la p. 43). ¿Qué opinión le importaba a Pablo?

CAPÍTULO 5: ¿CÓMO PUEDO ENCONTRAR LA VERDADERA LIBERTAD?

▼ ¿Cómo describirías lo que es la «libertad»? ¿Te sorprendió algo de la forma en que Chris habló de la libertad?

▼ Basándote en este capítulo, ¿qué responderías si alguien te preguntara: «Cómo puedo encontrar la verdadera libertad»?

CAPÍTULO 6: ¿QUIÉN DICE DIOS QUE SOY?

▼ ¿Qué nos dice Génesis 1 sobre quién nos creó y cuál es el propósito de nuestras vidas?

▼ ¿Alguna vez has sentido que Dios te ama como Chris ama a los M&M (pp. 57-58)? ¿Cuál es la diferencia entre eso y la forma en que un pastor ama a su oveja perdida?

▼ «Dios no solo dice que las personas importan. Dice que tú importas. Dios no solo ama a las personas. Te ama a ti». ¿Qué te gustaría decirle a Dios como respuesta?

CAPÍTULO 7: ¿QUÉ PASA CON TODAS LAS FORMAS EN QUE ME EQUIVOCO?

▼ ¿Qué noticias sorprendentes tenía Jesús para los fariseos y maestros?

Chris Morphew

▼ ¿Qué noticias sorprendentes tenía Jesús para los recaudadores de impuestos y los pecadores?

▼ ¿A cuál de esos grupos crees que te pareces más? ¿Hubo alguna noticia en este capítulo que te sorprendió?

▼ ¿Por qué Jesús puede ofrecer perdón a quienes cometen errores?

CAPÍTULO 8: ¿QUÉ DIFERENCIA MARCA DIOS?

▼ ¿Quién dijo Dios que era Jesús? ¿De qué maneras tentaron a Jesús a fin de que dudara de su identidad? ¿Cómo se mantuvo en el buen camino?

▼ ¿Quién dice Dios que eres tú? ¿De qué maneras te sientes tentado a dudar de eso? ¿Cómo se mantuvo firme?

▼ ¿Ya aceptaste la oferta de perdón y vida de Jesús? Si no es así, ¿qué te lo impide?

CAPÍTULO 9: SIGUE EL CAMINO DE JESÚS

▼ ¿Quién dijo Dios que era Jesús? ¿De qué maneras tentaron a Jesús para que dudara de su identidad? ¿Cómo se mantuvo firme?

▼ ¿Quién dice Dios que eres tú? ¿De qué manera te sientes tentado a dudar de esto? ¿Cómo puedes mantenerte firme?

▼ ¿Ya aceptaste la oferta de perdón y vida de Jesús? Si no es así, ¿qué te lo impide?

CAPÍTULO 10: DESCANSA EN EL AMOR DE JESÚS

❈ ¿Qué piensas sobre esta idea de tener un día a la semana para detenerte y reconectarte con Dios? ¿Cómo habrías respondido si hubieras estado en la clase de Chris (p. 91)?

❈ ¿Por qué en el Antiguo Testamento Dios le dijo a su pueblo que descansara? ¿Y a nosotros?

❈ ¿Cuál es la diferencia entre descansar de estar ocupado y descansar en quien Dios dice que eres? ¿Cómo se relacionan?

❈ ¿Te gustaría que este tipo de descanso fuera parte de tu rutina? ¿Cómo podrías empezar?

NO DEJES DE HACERTE GRANDES PREGUNTAS

Grandes preguntas es una serie de libros divertidos y de ritmo rápido que te guiarán a través de lo que dice la Biblia sobre algunas de las grandes preguntas de la vida, ayudándote a crecer en una fe segura y prudente.